Ciencia de Datos para Empresas

Modelo Predictivo, Minería de Datos, Análisis de Datos, Análisis de Regresión, Consulta de Bases de Datos y Aprendizaje Automático para Principiantes

© Copyright 2019

Todos los derechos reservados. Ninguna parte de este libro puede ser reproducida de ninguna forma sin el permiso escrito del autor. Los reseñantes pueden citar pasajes breves en los comentarios.

Cláusula de exención de responsabilidad: Ninguna parte de esta publicación puede reproducirse o transmitirse de ninguna forma ni por ningún medio, mecánico o electrónico, incluidas fotocopias o grabaciones, ni por ningún sistema de almacenamiento y recuperación de información, ni transmitirse por correo electrónico sin la autorización escrita del editor.

Si bien se han realizado todos los intentos para verificar la información provista en esta publicación, ni el autor ni el editor asumen ninguna responsabilidad por los errores, omisiones o interpretaciones contrarias del contenido aquí presente.

Este libro es solo para fines de entretenimiento. Las opiniones expresadas son solo del autor y no deben tomarse como instrucciones u órdenes de expertos. El lector es responsable de sus propias acciones.

El cumplimiento de todas las leyes y normativas aplicables, incluidas las leyes internacionales, federales, estatales y locales que rigen las licencias profesionales, las prácticas comerciales, la publicidad y todos los demás aspectos de realizar negocios en los EE. UU., Canadá, el Reino Unido o cualquier otra jurisdicción es de exclusiva responsabilidad del comprador o lector

Ni el autor ni el editor asumen ninguna responsabilidad u obligación alguna en nombre del comprador o lector de estos materiales. Cualquier desaire percibido de cualquier individuo u organización es puramente involuntario.

Índice

INTRODUCCIÓN 1

CAPÍTULO 1: ¿QUÉ ES LA CIENCIA DE DATOS? 2

CAPÍTULO 2: ¿CÓMO FUNCIONA LOS GRANDES VOLÚMENES DE DATOS EN LA CIENCIA DE DATOS? 12

CAPÍTULO 3: ANÁLISIS EXPLORATORIO DE DATOS 19

CAPÍTULO 4: TRABAJAR CON MINERÍA DE DATOS 23

CAPÍTULO 5: TEXTO DE MINERÍA DE DATOS 28

CAPÍTULO 6: ALGORITMOS BÁSICOS DE APRENDIZAJE AUTOMÁTICO PARA CONOCER 33

CAPÍTULO 7: MODELADO DE DATOS 45

CAPÍTULO 8: VISUALIZACIÓN DE DATOS 50

CAPÍTULO 9: CÓMO USAR CORRECTAMENTE LA CIENCIA DE DATOS 55

CAPÍTULO 10: CONSEJOS PARA LA CIENCIA DE DATOS 58

CONCLUSIÓN 65

Introducción

Los siguientes capítulos analizarán todo lo que necesita saber para comenzar como un principiante en la Ciencia de Datos.

La Ciencia de Datos es una nueva industria que está ganando popularidad debido a los valiosos recursos y la información que proporciona a las empresas y negocios. Pueden usar la información de los hallazgos de los científicos de datos para ayudar a tomar decisiones importantes que reducirán los riesgos, harán ganancias, evitarán problemas en el futuro y servirán mejor a los clientes.

Esta guía irá a través de los conceptos básicos de la Ciencia de Datos. Hablará sobre qué es la ciencia de los datos, cómo comenzar con ella y algunos de los algoritmos que puede aprender a usar para obtener la información. También hablará sobre el texto de minería de datos y los desafíos especiales que esto presenta para los científicos de datos, e incluso cómo presentar la información para que tenga sentido para aquellos que la usarían para tomar decisiones importantes de negocios.

Cuando esté listo para comenzar con la Ciencia de Datos, lea este libro y vea cómo puede hacerlo también.

Capítulo 1: ¿Qué es La Ciencia de Datos?

Muchas empresas ya saben que existe un potencial extraordinario para los datos que conservan. Ya tienen estos datos de sus clientes y otras fuentes; solo necesitan poder aprovecharlo y aprender a usarlo correctamente. Muchas de estas empresas no saben cómo aprovechar este material, y no tienen las habilidades ni los requisitos técnicos para hacer ciencia de datos, por lo que este se ha convertido en un campo de trabajo con una gran demanda. Para aquellos que ya saben cómo hacer este tipo de cosas, realmente puede convertirse en un activo valioso para un negocio. Sin embargo, vamos a echar un vistazo a algunos de los conceptos básicos de la ciencia de datos primero para determinar cómo empezar con esto y qué significa exactamente.

¿Qué es la Ciencia de Datos?

La ciencia de datos es un campo que ayuda al usuario a comprender eventos o a obtener información útil simplemente revisando y analizando los datos. Los resultados del análisis se utilizarán para crear una decisión. Esta decisión a menudo la toma una empresa para ayudarles a atender mejor a sus clientes, hacer un producto más nuevo y mejor. Este tipo de decisiones también se conocen como decisiones basadas en datos, y se utilizan para mejorar las habilidades de toma de decisiones, principalmente en negocios, que es el objetivo final de la ciencia de datos.

A primera vista, es fácil pensar que la ciencia de datos es lo mismo que las estadísticas. Sin embargo, cuando hablamos de estadísticas, solo estamos hablando de un tipo de ciencia de datos. La ciencia de datos trabajará con una variedad de campos, como la informática, ciencias de la información, matemáticas y estadísticas, para generar información a partir de un conjunto de datos que pueden ayudar al usuario a tomar decisiones importantes.

Toma de decisiones basada en datos

La idea principal de la ciencia de datos es trabajar en la toma de decisiones basada en datos. La toma de decisiones basada en datos es la disciplina de crear decisiones que cuentan con el respaldo de datos analizados que se han recopilado de algunas fuentes relevantes. Sin este tipo de datos, es fácil basar nuestras decisiones en la experiencia, la intuición o en lo que otros dicen ser las decisiones correctas. Sin embargo, todos estos pueden estar equivocados, aunque existe la posibilidad de que no.

Con la toma de decisiones basada en datos, es más fácil tomar decisiones inteligentes y luego respaldarlas con pruebas. A veces se puede combinar con el conocimiento, la intuición y la experiencia para tomar las mejores decisiones. Por ejemplo, alguien que ha trabajado en la industria durante mucho tiempo podría utilizar la información que obtiene de la ciencia de datos junto con su intuición y experiencia para tomar las mejores decisiones.

Por supuesto, no hay reglas realmente establecidas cuando se trata del proceso de toma de decisiones basada en datos. Muchas organizaciones lo utilizan en mayor o menor medida en función de lo que buscan. Algunas empresas optan por confiar plenamente en este tipo de tecnología, y la automatizarán en ciertas áreas de la toma de decisiones en su organización. Un ejemplo de esto es cómo Amazon puede recomendar productos basados en las compras que el usuario ha puesto en su carrito de compras.

Otras compañías usarían personas para diseñar una recopilación de datos personales, usar la tecnología para recopilar estos datos y luego analizarlos, y luego usarán toda esa información para tomar decisiones basadas en ellos. Google hace esto para determinar si los gerentes están haciendo una diferencia en el desempeño de su equipo.

Aplicaciones de la ciencia de datos

Encontrará que hay muchas aplicaciones cuando se trata del uso de la ciencia de datos para organizaciones empresariales, agencias públicas y organizaciones sin fines de lucro. Las agencias financieras gubernamentales e incluso algunas corporaciones bancarias utilizan la ciencia de datos para determinar muchas cosas, como proteger a sus titulares bancarios contra el robo de identidad y el fraude bancario y para descubrir quién puede ser un posible lavador de dinero. Los sitios web y otras tiendas en línea utilizarán algunos enfoques automatizados para crear decisiones basadas en datos para personalizar anuncios a sus clientes objetivo.

Esto no es todo, por supuesto. Los sitios web de redes sociales y sus aplicaciones han comenzado a utilizar algoritmos de reconocimiento facial para ayudarles a crear funciones de etiquetado automatizadas. Esto se ve en aplicaciones como Facebook. Su algoritmo a veces puede determinar quién está en una imagen usando estas características. Los servicios de transmisión de música y video a menudo basan sus recomendaciones al usuario en función del historial de navegación del usuario.

Estos son solo algunos de los ejemplos de las aplicaciones de este tipo de ciencia. Básicamente, cualquier organización que quiera recopilar datos y luego usarlos para determinar decisiones importantes en el futuro encontrará que la ciencia de datos puede funcionar para ellos. Algunas compañías realizarán el trabajo por su cuenta y agregarán parte de su conocimiento y experiencia sobre la industria para ayudarles a tomar decisiones. Además, algunos pueden contratar y obtener un científico profesional de datos para ayudarles a revisar la información para proporcionar un informe. De cualquier manera, el negocio planea pasar por la información para descubrir cómo tomar buenas decisiones para su compañía en el futuro cercano o lejano con la información que se obtiene de los datos.

Independientemente de la organización o la industria, la ciencia de los datos puede usarse realmente para ayudar a mejorar la eficiencia de toda la organización y mejorar la experiencia del cliente o usuario. Esto puede ayudar a los gerentes, y a los propietarios de la empresa, a aprender cómo tomar decisiones más inteligentes para ayudarlos a ganar más dinero.

¿Cómo se hace la ciencia de datos?

Dado que la palabra "ciencia" se usa dentro del nombre, la ciencia de datos se ve a veces como un enfoque científico para extraer conocimiento u otra información de los datos. Al igual que lo hizo con el enfoque científico, la ciencia de datos comenzará con el uso de la observación.

En este caso, el acto de observación incluirá un análisis de datos. Esto se puede hacer a través de un medio automatizado o manual, para generar patrones a partir de esa información. También existe la posibilidad de formular una hipótesis mediante la verificación de los patrones observados como válidos, en lugar de obtener simplemente una coincidencia de datos. Por último, también deberá realizar algunas pruebas para verificar el modelo creado que se le entrega.

Además de ser un tipo de ciencia, la ciencia de datos puede verse como un campo de estudio que aún está en su infancia. Debido a que todavía es tan nuevo, hay algunas opiniones y posiciones diferentes en cuanto al proceso de cómo debe hacerse. En este libro, veremos tres enfoques para ayudarle a obtener un nivel de comprensión y apreciación.

Las ventajas y desventajas de la ciencia de datos

La primera pregunta que tendrá un negocio antes de comenzar con la ciencia de datos para sus necesidades son las ventajas y desventajas de la ciencia de datos. Primero, vamos a echar un vistazo a algunas de las ventajas para ver cómo puede ayudar al negocio.

La primera ventaja es que puede ayudar al negocio a tomar algunas decisiones importantes. En el pasado, el negocio tenía que confiar en su experiencia y conocimiento sobre el mercado y su industria para determinar si estaban tomando decisiones inteligentes. Aquellos que han estado en la industria durante mucho tiempo podrían ser buenos en esto, pero todavía pueden perder información importante que podría ayudarlos. Aquellos que son nuevos en la industria podrían fácilmente cometer muchos errores.

El campo de la ciencia de datos ayuda a los gerentes y tomadores de decisiones a analizar información de diferentes fuentes para ayudarlos a tomar mejores decisiones. Es posible que puedan descubrir qué productos desarrollar, cómo brindar un mejor servicio al cliente, e incluso si hay nuevos datos demográficos para los que se centren sus esfuerzos de mercadeo.

Con las técnicas correctas de la ciencia de datos, la información se puede peinar en muy poco tiempo. Esta información es a menudo tan grande que llevaría años o más el hecho de que una persona lo hiciera y, para entonces, la información estaría desactualizada. El campo de la ciencia de la información podría ayudarle a pasar esta información en poco tiempo, de modo que realmente pueda usarla en tiempo real para ayudar a fortalecer su negocio.

Sin embargo, es importante darse cuenta de que necesita revisar los datos y no siempre tomarlos en serio. A menudo, se recopila una gran cantidad de información importante con la ciencia de datos, pero si no tiene cuidado, puede obtener información errónea. Debe tener una visión objetiva de la información para ver si tiene sentido. Y luego agregue lo que ya sabe sobre la industria y el mercado para ver si puede combinarlos para realmente impulsar su negocio.

Blitzstein y Pfister

El primer paso en este proceso de ciencia de datos es hacer una pregunta que sea interesante. Durante esta etapa, utilizará la información que conoce, así como su curiosidad sobre un tema, su madurez y cualquier experiencia que tenga para formular preguntas. Esto puede ayudarle a dirigir la forma en que analiza la información que se presenta. Algunas de las preguntas que tal vez quiera probar durante esta etapa incluyen:

- ¿Cuál es el objetivo?
- ¿Qué le gustaría hacer si tuviera acceso a todos los datos?
- ¿Qué le gustaría estimar o predecir?

Después de formular su pregunta, es hora de pasar al segundo paso. Este paso sucede cuando obtenga los datos. Hay varios procesos informáticos que puede usar para esto, incluyendo consultas de bases de datos, limpieza de datos y raspado web. Puede tener algunas preguntas más que pueda hacer durante esta etapa para ayudarle a avanzar, como, por ejemplo:

- ¿Cómo se muestrearon los datos y afectará eso a los resultados que obtiene?
- ¿Qué datos son los más relevantes?
- ¿Hay algún tema de privacidad a considerar?

Desde aquí, puede pasar al siguiente paso que es explorar los datos. Querrá comenzar por familiarizarse con ello, desarrollar diferentes hipótesis con respecto a los datos y luego determinar los posibles patrones y las anomalías que pueden aparecer en los datos que recopilará. Algunas de las preguntas que puede obtener para esta etapa incluyen:

- ¿Cómo se pueden trazar estos datos?
- ¿Hay algún patrón presente?
- ¿Hay alguna anomalía en los datos que tiene?

Bajo este método, pasaría al cuarto paso. Este paso es modelar los datos que tiene. Puede hacer que algunas opciones diferentes incluyan tecnologías de grandes volúmenes de datos, validación de datos, aprendizaje automático y análisis de regresión para que esto suceda.

Y luego pasará al último paso. Aquí es donde se comunicará con los datos a través de una forma de presentación fácil de entender, ya sea a través de la escritura, la visualización y el habla. Las preguntas valiosas que debe hacer para asegurarse de que puede hacer esto incluyen:

- ¿Qué aprendimos?
- ¿Los resultados que estamos obteniendo tienen sentido?
- ¿Podemos contar una historia de los resultados que obtenemos?

Provost y Fawcett

Con este modelo, la ciencia de datos se presentará como un área que está separada de las tecnologías de grandes volúmenes de datos, la procesión de datos y la ingeniería de datos. Se diferenciará porque utilizará esas áreas para ayudar a formular una decisión basada en los datos que se toman en toda la empresa, que se considera por este modelo como el objetivo final de la ciencia de datos. No considerará las otras cosas porque se podrían usar solo para mejorar varios procesos en la organización, pero no están realmente ahí para ayudar a contribuir en el proceso de toma de decisiones.

O'Neill y Schutt

Otro modelo que puede utilizar es el modelo O'Neil y Schutt. Con este, los datos se recopilan de diversas fuentes en el entorno. Esto podría incluir una plataforma con la que los usuarios de interés puedan interactuar, un sitio web u otro tipo de base de datos. Los datos que se recopilan de esta fuente se procesan para producir un conjunto de datos limpios y, por lo general, se presentan en una tabla de datos. Este conjunto de datos se utilizará para algunas cosas, como el modelado estadístico y el análisis de datos.

El resultado de este análisis producirá un nuevo conjunto de datos o un nuevo tipo de datos que luego podría procesar para otro conjunto de datos. Ambos se utilizan para completar un modelo estadístico adicional. Los resultados aquí podrían ser un producto de datos que se enviará de vuelta al ambiente o un informe que se podría utilizar para tomar decisiones en la empresa.

Análisis Exploratorio de Datos

Este enfoque analiza los conjuntos de datos para resumirlos en sus principales características. Esto puede ser presentado como una ayuda visual o de alguna otra manera. En su mayor parte, este análisis se utiliza para visualizar lo que los datos pueden presentar más allá de las pruebas de hipótesis y las tareas de modelado formal. En algunos casos, los resultados que obtenga podrían usarse para ayudar con los modelos estadísticos. Pasaremos más tiempo cubriendo esto en un capítulo posterior.

Modelos Estadísticos

Otra cosa que debemos discutir acerca de la ciencia de datos es el modelo estadístico. Este es un modelo que se aproximará a un fenómeno del mundo real, y entonces, a veces, puede predecir a partir de esa aproximación utilizando algunas ecuaciones matemáticas simples. Dependiendo de dónde decida aplicar este tipo de modelado, la ecuación podría mostrarse como una regresión lineal simple, o podría ser tan complicada como un análisis factorial multivariado.

La ecuación que está ahí para explicar el fenómeno, dependiendo del tamaño de los datos que desee modelar, se puede obtener a través de medios automáticos o manuales, dependiendo de para qué utilizaría los resultados. Cuando se trata del caso de la ciencia de los datos, la cantidad de datos que los analistas utilizarían a menudo requerirá que vayan con un software que pueda automatizar el proceso. Simplemente hay demasiados datos presentes para tratar de revisarlos manualmente, además de que llevaría demasiado tiempo, y un error humano podría provocar que se perdiera información.

La diferencia entre explorar y explicar

Cuando se trata de la ciencia de datos, hay dos escuelas de pensamientos que están tomando la iniciativa. La primera está compuesta por es un grupo de personas que creen que el uso de la ciencia de datos debe estar allí para satisfacer la curiosidad del usuario. Creen que revisar los datos para encontrar los diferentes fenómenos y patrones que existen allí debería ser suficiente para los científicos de datos y no deberían tener que hacer nada más con ellos.

También existe la segunda escuela de pensamiento que cree que esta información debe usarse. Puede que no sea suficiente solo ver la información. Este grupo cree que los patrones y los fenómenos que se encuentran en los datos deben ser utilizados por las empresas y organizaciones para crear decisiones. Si la compañía decide hacer esto manual o automáticamente no importa.

Si está utilizando la ciencia de la información para los negocios, es probable que se encuentre con el segundo grupo de pensadores. Querrá utilizar la información y los patrones que recopila de su análisis de los datos para tomar decisiones para el negocio. Estas decisiones podrían ser sobre cómo servir mejor a sus clientes, qué productos probar y qué decisiones importantes tomar en el futuro. Pase lo que pase, está utilizando la información para ayudarle a tomar decisiones comerciales importantes.

Capítulo 2: ¿Cómo funciona Los Grandes volúmenes de datos en la Ciencia de Datos?

Para comenzar con la ciencia de datos, primero debe comprender de dónde proviene la información que usará. La ciencia de datos no es posible sin la presencia de datos o, de lo contrario, no tendría nada que analizar en el proceso. Además, con la infraestructura que proporcionan las diferentes tecnologías, que procesan mucha información de manera eficiente, muchas empresas están empezando a aprovechar fuentes como el Internet para recopilar información. Aquí es donde entrará Grandes volúmenes de datos.

Echemos un vistazo más de cerca a Grandes volúmenes de datos para que podamos aprender cómo funciona en la ciencia de datos.

La definición de Grandes Volúmenes de Datos

Simplificando, los Grandes volúmenes de datos son conjuntos de datos que son demasiado complejos o grandes como para ser capturados, administrados o procesados en un tiempo soportable mediante el uso de herramientas que son comunes. El uso del sistema de administración de base de datos relacional no funcionaría porque hay demasiada información que procesar, por lo que se tardaría demasiado.

Debido a que no había mucho software para mantenerse al día con esto, y las compañías todavía querían poder analizar toda esa información para ayudar a tomar decisiones, se crearon nuevas plataformas de bases de datos. Estas incluyen opciones tales como Hadoop y NoSQL.

Cuando se habla de Grandes volúmenes de datos, hay cinco características únicas de datos. Los tres principales incluyen:

- *Volumen*: Esta es la cantidad de datos que la compañía produce o recibe en un día. Esto equivaldría a terabytes. Por ello, el volumen de Grandes volúmenes de datos será tan extenso que debe almacenarse en varios servidores diferentes. Esto también puede presentar un gran desafío porque se tardaría un tiempo irrazonable en analizar los datos si se realiza manualmente.

- *Velocidad:* Los Grandes volúmenes de datos deben estar disponibles lo más cerca posible del tiempo real. Cuanto más rápido lleguen las personas adecuadas a la información, mayor será la ventaja que tendrán para tomar buenas decisiones para su negocio. La información que se recopiló hace una hora podría perder su relevancia en el momento en que se pueda hacer algo con ella finalmente.

- *Variedad:* Los datos deben provenir de muchos formatos o fuentes diferentes. Es posible que pueda obtener grandes volúmenes de datos de GPS de teléfonos inteligentes, dispositivos internos, foros, tendencias de redes sociales e incluso comentarios en redes sociales. La variedad de la que obtiene sus datos le proporcionará un mejor conjunto de datos.

Tipos de datos

Hay tres tipos principales de datos: estructurados, no estructurados y semiestructurados.

Los datos estructurados tienen un formato y una longitud predeterminada. Las piezas de información que vienen con datos estructurados son las que se pueden clasificar, agrupar y organizar rápidamente. Un buen ejemplo de esto es lo que puede encontrar al buscar en bases de datos como Access y SQL.

Los datos no estructurados son los que no tienen un formato predeterminado. Es difícil para una persona ser eficiente al pasar por la información. Necesitarían software y algoritmos para pasar la información de manera eficaz. Algunos ejemplos de esto incluirían documentos, correos electrónicos, publicaciones en redes sociales, videos y fotos.

Los datos semiestructurados son todos los datos que no se ajustan a las bases de datos relacionales o las tablas de datos, pero aún contienen algunos atributos y etiquetas. Este tipo a menudo se denomina *datos de auto descripción.*

Esto significa que la estructura se habrá incrustado en los datos. Ejemplos de esto serían la notación de objetos JavaScript y el lenguaje de marcado extensible, que son diferentes aplicaciones móviles basadas en datos.

La Arquitectura de Grandes volúmenes de datos

Encontrará que cuando trabaje con grandes volúmenes de datos, vendrá en cinco capas. Veamos cada capa y veamos qué significarán para sus datos:

Capa 0

Los Grandes volúmenes de datos requieren una infraestructura física que sea redundante para manejar los enormes requisitos para computarlo. Esta infraestructura estará vinculada por una red para permitir el intercambio de recursos entre las computadoras que contienen la información, y está ahí para crear copias de seguridad de la información en caso de que haya un fallo en la computadora en el camino. El rendimiento, la disponibilidad, la escalabilidad, la flexibilidad y el costo de esta infraestructura son importantes, y debe tenerlos en cuenta antes de comenzar.

Capa 1

Debe existir la cantidad correcta de seguridad para cerciorarse de que los datos internos se mantengan seguros. A menudo es necesario usar cifrado de alta calidad para que nadie pueda alterar la integridad de los datos. Las medidas de seguridad también deben estar implementadas para que pueda detectar amenazas a los datos, como una fuga de datos. La pérdida de datos también debe tenerse en cuenta. El acceso a los datos y todas las aplicaciones que lo rodean deben minimizarse para que haya menos riesgos de error humano.

Capa 2

La infraestructura debe emplear el almacenamiento de todos los tipos de datos, incluidos los tres tipos que se analizaron anteriormente. También debe haber cierta atomicidad, coherencia, aislamiento y la durabilidad del comportamiento de la infraestructura o base de datos.

Capa 3

Es importante que la infraestructura se organice y compile utilizando tecnologías que provienen de un sistema de archivos distribuidos. También necesita cosas como servicios de serialización y coordinación, herramientas ETL y servicios de flujo de trabajo.

Capa 4

Finalmente, la infraestructura debe consolidar los datos recopilados de las bases de datos relacionales y de otro tipo para facilitar el acceso para su posterior análisis.

Las Ventajas del uso de Grandes Volúmenes de Datos

Con todo el trabajo que conllevan los grandes volúmenes de datos, ¿podría preguntarse por qué alguien querría trabajar con ello en lugar de tratar de trabajar con algo más? En realidad, hay muchos grandes beneficios que se derivan de los grandes volúmenes de datos. Para empezar, los grandes volúmenes de datos le pueden proporcionar a una empresa o negocio datos valiosos que se pueden usar para el análisis de riesgos. Los gerentes de suministro crean previsiones de demanda y planifican el suministro anticipadamente, y mitigan cualquier variación en la disponibilidad de recursos.

Los grandes volúmenes de datos también son una buena manera de ayudar a las empresas de fabricación a mejorar la eficiencia operativa. Cuando se agregan sensores para el análisis de operaciones en la línea de ensamblaje, esto significa que los gerentes de producción pueden recopilar datos y luego crear un modelo que puedan usar para mejorar la eficiencia de la empresa, si la información se usa correctamente.

Los grandes volúmenes de datos ayudan aún más a una empresa a explorar mejores oportunidades de ingresos y si son buenas ideas o no. Con un negocio que está tratando de crecer, esto puede ser de gran importancia. Podrán mejorar la eficiencia de la investigación y el desarrollo para elegir los productos adecuados que les ayuden a obtener los mejores resultados con sus clientes.

Además, los grandes volúmenes de datos ayudan a las empresas cuando buscan mejorar su servicio al cliente. Cuando la empresa tiene una forma de recopilar los comentarios de los consumidores, pueden crear una nueva base de datos sobre el perfil del cliente y los comentarios que reciben. También pueden usar esto para ajustar sus operaciones y los servicios que brindan a sus clientes de acuerdo con la información que obtienen.

Riesgos del uso de Grandes Volúmenes de Datos

Si bien hay un montón de grandes beneficios que se derivan del uso de grandes volúmenes de datos, también existen algunos riesgos. Los analistas de datos e ingenieros que no realizan el diseño y el análisis adecuado crean datos inadecuados, con un análisis incorrecto. Esto termina con los datos incorrectos que se utilizarían para las decisiones en el negocio. Si la información se lee de forma incorrecta, podría generar una gran pérdida de recursos para el negocio y podría ocasionar muchos otros problemas.

También existe el riesgo de que los grandes volúmenes de datos sean robados con fines infames y fraudulentos. Si esto sucede en gran escala para una empresa, significaría que los clientes dejarán de confiar en la empresa y que el dinero también se perderá. Esto podría ser difícil de recuperar en el futuro.

Además, mantener la infraestructura para el uso de grandes volúmenes de datos podría ser costoso. Tener este tipo de datos en la empresa, y tratar de usarlos para mejorar las operaciones del negocio o aumentar los ingresos, pueden ser dos cosas diferentes. Es importante tener en cuenta la planificación y el establecimiento de objetivos adecuados para este tipo de datos antes de invertirlos en la empresa.

El Contexto de los datos

Es importante que, si bien puede obtener mucha información de grandes volúmenes de datos, tener acceso a ello no es necesariamente suficiente para obtener una ventaja competitiva a través de la ciencia de la información. El contexto es igual de importante, ya que da sentido a lo que trata toda la información. Debe saber qué significan esos datos y poder interpretarlos correctamente; de lo contrario, tendrá un montón de datos que no le llevarán por delante de la competencia.

Los datos con el contexto adecuado pueden formular problemas de negocios que buscan las razones de por qué ocurrió un evento en comparación con solo buscar lo que sucedió. Con el contexto adecuado, es más fácil para la empresa entender por qué sucedieron las cosas. Y con la comprensión adecuada, una empresa está mejor equipada para aprovechar las oportunidades que existen para un evento similar. También puede tomar las acciones convenientes para corregir las cosas si pareciera que puede haber algo perjudicial para sus ventas u operaciones.

Sin el contexto establecido para los grandes volúmenes de datos, es difícil averiguar qué significa la información. Sin embargo, cuando la empresa sabe lo que está buscando, utiliza el contexto de la industria y sabe lo que está sucediendo con la economía y los comentarios que reciben de sus clientes; descubren que es mucho más fácil entender los grandes volúmenes de datos que reciben. Además, pueden usar esa información para ayudarlos a progresar en el futuro.

Capítulo 3: Análisis Exploratorio de Datos.

Con la ayuda de todas las tecnologías disponibles que están por ahí para ayudar a automatizar el análisis de datos, es más fácil dar por sentado por qué puede ser un beneficio el tener la mente y el ojo humano sobre los datos que tiene. Un estudio o investigación y los resultados que obtiene son tan buenos como la calidad de los datos utilizados en ello.

Esto significa que incluso con tecnología, un científico de datos necesita investigar la calidad de los datos que se utilizan. No deben solo mirar la información que se les presenta y tomarla a su valor nominal. Deben mirar y ver si es de alta calidad o si algo parece estar mal con el proceso. Aquí es donde el análisis exploratorio de datos puede ser beneficioso.

No siempre es una buena idea confiar en la información que presentan los otros métodos. A veces son geniales, pero siempre es mejor revisar y asegurarse de que la información tenga sentido.

Aquellos que simplemente toman la información que reciben, y luego la ejecutan para tomar sus decisiones, pueden encontrar que funciona en algunos puntos, pero no será la mejor opción. De hecho, a menudo conducirá a tomar malas decisiones para un negocio y para llevarlo a la práctica.

Es mucho mejor echar un vistazo a los datos. Puede usar algunos de los otros métodos que tienen la tecnología para ayudar; sin embargo, entonces debe revisar y comprobar la información y asegurarse de que tenga sentido antes de ejecutar la información.

¿Qué es este análisis exploratorio de datos?

El análisis exploratorio de datos, o EDA, es un método de análisis de conjuntos de datos para que pueda resumirlos en sus características principales. Puede usar un modelo estadístico para hacer esto, pero EDA está ahí para ver lo que un conjunto de datos puede decirle más allá del modelado formal o la prueba de hipótesis. Sin embargo, está más preocupado por los datos de observación que por los datos de las pruebas de diseño formal. No se limita a un conjunto de técnicas, sino a una filosofía sobre cómo se debe realizar el análisis de datos.

Cuando esté listo para usar EDA, debe recordar que las técnicas se usan con estos objetivos en mente:

- Para ayudar a detectar errores en los datos.
- Verificar cualquier suposición presentada con los datos.
- Ayudar con una selección preliminar de modelos apropiados.
- Evaluar las relaciones y la dirección de las diferentes variables.

Asegúrese de no estar confundiendo la EDA con el análisis de datos inicial, que se centrará en verificar los supuestos que son necesarios para el ajuste del modelo y la prueba de hipótesis. Incluso puede manejar valores perdidos y ajustar las variables, si necesita asegurarse de obtener la información correcta de los datos.

Tipos de EDA

Hay algunos tipos diferentes de EDA en los que puede trabajar. El que desee elegir dependerá de la información que desee utilizar y de lo que desee hacer con los datos que tenga. Algunos de los tipos de EDA incluyen:

EDA univariada no gráfica

Este es el primer paso para analizar los datos. Con este tipo, habrá solo una variable o característica que se está observando, y que se usa para representar la muestra. Generalmente, el objetivo de la EDA univariada no gráfica es crear una mejor apreciación de la distribución de la muestra y ayudar a concluir cuidadosamente la distribución de la población compatible y la distribución de la muestra. Dado que este es un método no gráfico, los datos utilizados para ello serán objetivos y cualitativos.

EDA gráfica univariada

Esto se centra en una sola variable de una distribución de muestra. Sin embargo, cuando se trabaja con EDA gráfica univariada, se tratará más con datos cuantitativos que con datos cualitativos. Algunas de las técnicas incluyen gráficos Q-Q normales, diagramas de caja, diagramas de tallos y hojas e histogramas.

EDA multivariada no gráfica

Esto ilustra la relación entre al menos dos variables mediante tabulación cruzada o estadísticas, como la covarianza y la correlación.

EDA gráfica multivariable

Esto muestra algunas de las relaciones entre variables; sin embargo, al igual que la EDA gráfica univariada, los datos utilizados son más cuantitativos. La técnica que se usa comúnmente para esto es una plataforma de barra agrupada.

El tipo de EDA que puede usar depende del tipo de información que está viendo, con cuánta información va a trabajar y qué le gustaría hacer con la información cuando haya terminado. Cada uno de estos puede funcionar realmente bien siempre que tenga una idea de lo que está buscando en los datos. Incluso puede experimentar con las diferentes opciones para descubrir qué funcionará mejor para sus necesidades y qué le proporciona la mejor información.

Capítulo 4: Trabajar con Minería de Datos

Los datos que se almacenan en sus bases de datos y otras infraestructuras tienen muchos potenciales. Sin embargo, tomarse el tiempo para revisar todos los datos no sería práctico si las personas tuvieran que pasar todo esto lentamente. Aquí es donde entra en juego el proceso de minería de datos. Es una tecnología fiable y automatizada que está diseñada para buscar patrones que puedan ser de interés para el negocio.

La exploración de datos podría ser el siguiente paso después de que el propietario o gerente de la empresa reflexione sobre un problema que ellos piensan que la ciencia de datos podría resolver, o podría ayudar a proporcionar una observación a un científico de datos que podría suministrar información valiosa para mejorar el negocio. La minería de datos puede facilitar la tarea de hacer esto.

Echemos un vistazo a cómo comenzar con este proceso.

¿Qué es la minería de datos?

La minería de datos es un proceso automatizado y dirigido a la exploración de datos. Encuentra patrones de un gran conjunto de datos utilizando subtareas bien definidas (que se analizan más adelante). La minería de datos da sentido a todos los grandes datos relacionados con la ausencia o presencia de las relaciones entre las variables. También puede ver la explicación de acciones pasadas y una predicción de acciones futuras.

La incapacidad de lograr una solución a un problema cuando no se considera la minería de datos es un fracaso en sí. La minería de datos es una exploración de datos que podría crear una base o una predicción para futuros conjuntos de datos.

Las tareas de minería de datos

Como se mencionó anteriormente, la extracción de datos tiene que depender de subtareas para encontrar los patrones que pueden estar presentes dentro de una gran cantidad de datos. Algunas de las tareas incluyen lo siguiente:

Clasificación

Este es el intento de pronosticar a qué clase pertenece cada individuo de una población en una gran cantidad de datos. Esto puede ayudar a separar la información, por lo que es más fácil de entender y encontrar la información necesaria. Un buen ejemplo de esto en un negocio sería "en los clientes existentes de la empresa, cuáles tienen más probabilidades de responder a una oferta determinada". Esto tendrá dos categorías: los que responderían y los que no responderían. Es posible tener muchas categorías diferentes en función de lo que se intenta averiguar a partir de la información.

Regresión

Esta tarea intenta estimar el valor numérico de una variable para cada parte del conjunto de datos. Las posibles variables podrían incluir elementos como la tasa de uso del servicio en función del uso histórico de cada persona en el conjunto de datos.

Coincidencia de similitud

Como su nombre indica, esta tarea trata de identificar a los individuos de la población que tienen variables similares a los individuos seleccionados de la población. Un buen ejemplo de esto es encontrar individuos que coincidan con las variables para los clientes que se consideran la mejor opción para la empresa.

La similitud subyace en muchos métodos y soluciones de ciencia de datos para un problema del negocio. Si dos cosas, como una compañía de productos y personas, son similares en algunos aspectos, a menudo también tendrán características diferentes. Los procedimientos de minería de datos pueden basarse en agrupar cosas por similitud o permitiendo la búsqueda de la similitud necesaria.

Esto se vio en algunos de los capítulos anteriores, donde los procedimientos de modelado crean límites para agrupar las instancias cuando vienen con valores similares para las variables objetivo. Más adelante en este capítulo, analizaremos la similitud con más detalle y mostraremos cómo se aplicará a una variedad de tareas.

Agrupación

Esta tarea intenta agrupar a los individuos de un conjunto de datos según las similitudes que tienen, sin poner ningún parámetro. Es un momento para explorar, averiguar la presencia de grupos en un conjunto de datos y, si hay grupos, se pueden usar las variables que crean dichos grupos.

En algunas de las aplicaciones con las que trabaja, es posible que desee buscar grupos de objetos. Por ejemplo, podría usarlo para encontrar grupos de clientes, pero no impulsado por alguna característica de destino preespecificado. ¿Puede usarlo para averiguar si sus clientes forman algunos grupos naturales o segmentos entre ellos? Esto podría ser útil para darle a una empresa una visión general, y luego puede usar esto para comercializar adecuadamente. También puede ayudar a los tomadores de decisiones a hacer algunas preguntas importantes como:

¿Realmente entendemos a las personas que nos compran?

Además, puede usarlo para averiguar qué necesita el cliente. ¿Podría la empresa utilizarlo para desarrollar mejores campañas de mercadeo, mejores métodos de ventas, mejores productos o un mejor servicio al cliente al comprender los subgrupos naturales? Este es un concepto que marcará una gran diferencia para las empresas en la forma en que trabajan con sus clientes. La idea básica de la agrupación en clústeres es que desea encontrar grupos de objetos, ya sean clientes, consumidores u otra cosa, donde los objetos dentro de los grupos sean similares, pero los objetos que se encuentran en diferentes grupos no son realmente similares.

También puedes encontrar agrupamientos jerárquicos. A menudo, estos se formarán comenzando con cada nodo que forma parte de su propio grupo. Luego, los grupos se fusionan hasta que solo queda un grupo principal. Estos grupos se fusionan en una variedad de factores, incluida su similitud o incluso la función de distancia que se elige.

Para la agrupación jerárquica, debe tener alguna función de distancia entre agrupaciones, considerando que las instancias individuales son las agrupaciones más pequeñas. Esto a menudo se llama la función de vinculación. Por ejemplo, la función de enlace podría ser la distancia euclidiana entre los puntos más cercanos en cada uno de los grupos, que luego podría aplicarse a cualquiera de ellos.

Agrupamiento de Coocurrencia

Esta tarea intenta encontrar conexiones entre entidades que ocurrieron en las mismas transacciones. Un buen ejemplo es la función de recomendación de sitios web de compras en línea como Amazon. Estas características de recomendación presentarán productos que las personas ya han comprado que son similares a lo que otros han recibido.

Perfilado

Esto intenta establecer normas de comportamiento para un individuo, un grupo o las acciones de una población. También puede analizar el comportamiento de compra, las ubicaciones de transacción y el uso del servicio. A menudo, esto se usará para detectar anomalías en el comportamiento de un consumidor y se puede usar cuando quiera ver y buscar si hay un problema con el fraude.

Los dos métodos de minería de datos.

La minería de datos a través de un conjunto de datos se puede realizar de dos maneras: supervisada y no supervisada.

Cuando la extracción de datos se realiza de manera no supervisada, se buscarán los patrones y las estructuras en los datos que no están etiquetados. Esto, generalmente, se usa para crear la base para otras tareas de minería de datos, que luego se realizarán supervisadas. El resultado de esto se conoce como datos etiquetados.

También puede utilizar la minería de datos supervisada. Esto se hace revisando su conjunto de datos con los datos etiquetados como ayuda. Estos datos etiquetados se utilizarán para identificar individuos en el conjunto de datos. La identificación podría basarse en cualquier variable, como un grupo, correlación o causalidad. Estos datos etiquetados podrían provenir del conjunto de datos en el que se está realizando la minería de datos supervisada o en un nuevo conjunto de datos.

Capítulo 5: Texto de Minería de Datos

El texto es otra forma de datos y, al igual que cualquier otra forma de datos con la que desee trabajar, se puede transformar para que sea más fácil de analizar. Desafortunadamente, el texto funciona de manera diferente porque es una forma de datos no estructurada y esto puede dificultar la tarea de analizar diferentes tipos de tecnologías. Sin embargo, cuando se trata de texto, hay una gran cantidad de información potencial, por lo que es difícil pasarla por alto.

La base de datos de la compañía sola podría contener una gran cantidad de información en forma de texto. Esto podría incluirse en los registros de quejas de los consumidores, registros médicos, consultas de productos y registros de clientes. Si esto se hace de la manera correcta, los datos que se toman del texto podrían ayudar a la empresa a obtener una idea de cómo se comportan sus clientes y de sus preferencias. Conocer esta información permitiría a la empresa crear mejores servicios, productos y atención al cliente.

Mucha de la información que va a querer de Internet vendrá en forma de texto. Encontrará este texto en las redes sociales, publicaciones de blog, artículos de reseñas y páginas web personales. Ser capaz de obtener la información del texto de estas fuentes marcará una gran diferencia en la cantidad de datos que puede utilizar.

La razón por la que es tan difícil trabajar con el texto se debe a que se trata de una fuente de datos no estructurada que normalmente tendría en los enlaces de tabla, significado fijo, campos y tablas. Esto está destinado a ser entendido por un humano, pero las computadoras no lo entienden fácilmente. Además de una gran cantidad de diferentes longitudes de palabras, campos de texto e incluso órdenes de palabras, es posible que las personas escriban con la ortografía y la gramática incorrectas y también con puntuaciones y abreviaturas al azar.

Debido a todas estas variables, resulta realmente difícil extraer los datos del texto que desea utilizar. La buena noticia es que es posible tomar el mensaje que tiene y convertirlo en texto.

Cómo convertir su texto en datos utilizables

Primero se debe cambiar un cuerpo de texto en un conjunto de datos antes de poder alimentarlo a través de un algoritmo de minería de datos. Esto generalmente se hace a través de la misma tecnología que usarán varios motores de búsqueda, como Bing y Google. Hay algunas opciones diferentes que puede usar:

Bolsa de palabras

Este enfoque convierte el texto en una forma estructurada. Esto usualmente va a estar en la forma de vector de características. Trata cada documento como una simple colección de palabras individuales. No lo verá todo como un ente entero, sino cada pequeña parte. También ignorará la puntuación, la estructura de las oraciones, el orden de las palabras e incluso la gramática. Cada palabra individual dentro del documento será tratada como una palabra clave potencial que tiene cierta importancia.

A muchas empresas les gusta usar este método porque es fácil y económico de generar y funcionará bien para la mayoría de las tareas que desean realizar con la minería de datos.

Frecuencia de término

Con este enfoque, el sistema observará cuántas veces aparece una palabra en un documento en particular y luego utilizará esto para determinar lo importante que es el término. Cuanto más frecuentemente aparece en el documento, más valioso e importante es ese término.

Cada palabra del documento primero tendrá que convertirse para que esté en formato de minúsculas. Esto ayudará porque contaría que las palabras que están en diferentes circunstancias se cuenten como la misma cosa. Además, se eliminarán las palabras que aparezcan o tengan sufijos, de modo que el sistema pueda contar la palabra, sin importar cuál sea la forma original. Y se eliminarán las palabras de parada, o palabras que son realmente comunes, como "el", "y", "de" y "en", por lo que no se confunden con los resultados de esta prueba.

Frecuencia inversa de documentos

Este enfoque se utiliza cuando se mide la frecuencia de un término en una colección de documentos. Sin embargo, no solo es responsable de medir con qué frecuencia aparece un término o una palabra. Impondrá un límite superior e inferior para que el término se considere importante. Está haciendo esto para asegurarse de que un término específico no sea demasiado raro o no sea demasiado común como para ser incluido en los resultados.

Sin esta opción, el sistema de minería de datos consideraría la distribución de palabras en todo el conjunto de documentos. Esto se debe a que un término que puede aparecer en menos documentos a veces puede ser más significativo en los documentos que lo contienen.

Aquí hay una fórmula para usar cuando se busca la frecuencia inversa de documentos:

IDF(t) = 1 + log (Número total de documentos/número de documentos que contienen t)

Con esto, la (t) será para cualquier término que se esté buscando.

TFIDF

El término frecuencia de documento de frecuencia inversa, o TFIDF, es una combinación de los dos enfoques ya discutidos. Evalúa lo importante que es un término o una palabra para el documento dentro de una serie de documentos. La importancia de este término aumentará cuanto más aparezca en un documento, pero esto se puede compensar con la frecuencia de dicho término cuando se miran todos los documentos. Este enfoque es el que utilizan los motores de búsqueda cuando desean puntuar y clasificar para determinar si una página web o un documento es relevante para una consulta de búsqueda determinada. La fórmula para TFIDF es:

$$TFIDF(t, d) = TF(t, d) \times IDF(t)$$

Secuencias de N-gram

Este enfoque cuenta las secuencias de palabras adyacentes como términos. Un ejemplo de esto es una frase como, *El rápido zorro marrón salta*. Al buscar esto en un documento, se considerará como un término completo y se crearán muestras, por lo que se parece a marrón_rápido, zorro_marrón y zorro_salta. Este enfoque sería útil cuando las frases son significativas en un documento, pero las palabras que componen las frases no son tan importantes.

Extracción de la entidad nombrada

Con el enfoque de extracción de la entidad nombrada, las frases significativas serán nombres de una persona, una ubicación, expresiones de tiempos, organizaciones, cantidades, valores monetarios o porcentajes que se contarán como un término. Esto incluiría cualquiera de sus iteraciones conocidas al revisar los documentos. Un ejemplo de esto sería:

G.O.T. o GOT de *Game of Thrones*.

NY Mets de New York Mets.

Estos son solo algunos ejemplos con las abreviaturas, y la extracción de la entidad nombrada garantizaría encontrar las palabras correctas, incluso si el usuario eligiera una forma diferente de escribirlas.

Este enfoque es muy exhaustivo del conocimiento que proporciona. Además, funcionará bien si la persona ha recibido capacitación en una gran cantidad de documentos o si se codifica a mano para que tenga el conocimiento que se desea con todos estos nombres diferentes.

El texto de minería de datos puede proporcionar un desafío único al trabajar en la información de minería que desee. Sin embargo, dado que el texto puede proporcionar una gran cantidad de información importante para la empresa sobre sus clientes y los productos y servicios que proporcionan, todavía es realmente valioso tenerla. Puede optar por utilizar uno de los métodos anteriores para asegurarse de que obtiene la información correcta que necesita, en función de lo que está buscando, para tomar decisiones empresariales importantes.

Capítulo 6: Algoritmos Básicos de Aprendizaje Automático para Conocer

Los algoritmos jugarán un papel importante en todas las etapas cuando se trabaje en la ciencia de datos. Se utiliza para extraer datos valiosos de cualquier tipo de datos, incluida la forma no estructurada de texto. Además, se utiliza incluso para organizar datos estructurados. Y, lo que es más importante, está allí para crear y luego probar modelos que la empresa usaría para crear las soluciones necesarias para diversas situaciones.

Con la ayuda del aprendizaje automático, todo esto se hace automáticamente. Por esta razón, debe aprender algunos de los algoritmos para el aprendizaje automático si desea poder trabajar con la ciencia de datos.

Ir a través de toda la información por su cuenta no siempre será el uso más eficiente de su tiempo. Si hay una gran cantidad de datos para ordenar, puede tardar demasiado tiempo. O puede terminar perdiendo cosas porque hay demasiada información que revisar.

Aquí es donde entran los algoritmos. Estos van a hacer un montón de trabajo para que se asegure de encontrar el tipo exacto de información que necesita, sin importar lo que sea y sin importar la cantidad de datos que quiera revisar.

¿Qué son los algoritmos?

Son códigos complejos que dan instrucciones. Pueden hacer esto para ayudar a completar una tarea o resolver un problema y pueden configurarse para ser completamente automatizados o, al menos, parcialmente. Es una secuencia independiente de acciones que han sido diseñadas para lograr el propósito necesario y, en este caso, es la resolución de problemas. También tiene la capacidad de realizar cálculos, procesar datos y realizar tareas de razonamiento automatizado.

Básicamente, los algoritmos que vamos a analizar están allí para ayudar a darle al sistema las instrucciones que necesitas para comenzar. Puede memorizar estos algoritmos o colocarlos en un lugar seguro para poder utilizarlos cuando necesite usarlos.

Algoritmo de regresión lineal

Este es originalmente el de las estadísticas y es uno de los algoritmos más conocidos y usados cuando se utiliza el aprendizaje automático. Él modelará la relación entre la variable dependiente escalar que se denota como "y" y una o más variables independientes que se denotan como "x". Cuando trabajamos con aprendizaje automático, este es el que se utiliza para asegurarnos de que la capacidad predictiva de un modelo mejore porque utiliza datos históricos. En su mayor parte, la regresión lineal será un algoritmo supervisado.

k-Vecinos más Cercanos

Este también se puede denotar con el k-NN. Este algoritmo almacena todos los casos necesarios y clasifica los nuevos casos siguiendo la medida de similitud. Se utilizará para ayudar con la regresión y la clasificación de problemas predictivos. Una aplicación común utilizada con esto sería: *¿Elegirá un cliente este producto?*

¿Sería bueno apuntarlos a un cierto tipo de publicidad? ¿Y es posible desarrollar más negocios con ese cliente? Todas estas son cosas importantes para entender cómo trabajar cuando se ejecuta un negocio, y el algoritmo k-NN puede ayudar con esto.

k-means

Este es otro algoritmo que forma parte del aprendizaje no supervisado. Es responsable de encontrar grupos dentro de los datos. La *k* representa el número de clústeres o grupos en los datos. El algoritmo agrupa los puntos de datos en función de las características que comparten en común. Esto resultaría de la agrupación de puntos de datos que puede etiquetar nuevos datos o como datos de capacitación.

Al hacer esto en el negocio, este tipo de algoritmo se usa para encontrar grupos dentro de los empleados o clientes a los que no se les ha dado una etiqueta. A veces, esto puede beneficiar a una empresa porque, dependiendo de quién esté en ella, podría presentar un nuevo grupo demográfico que se puede utilizar para maximizar las ventas. A veces, este nuevo grupo demográfico puede que ni siquiera haya sido considerado como una opción, y, otras veces, puede haber sido investigado para ver si una base de clientes cayó en él.

Si se utiliza k-means para ayudar a clasificar a los empleados, podría terminar proporcionando un grupo demográfico que tenga antecedentes profesionales o educativos específicos, y esto podría terminar siendo la forma en que una empresa se da cuenta de quién es el mejor candidato para un nuevo equipo de la organización. Ya podrían pasar por su equipo personal y descubrir quién es el mejor candidato para ese nuevo equipo, en lugar de tratar de contratar a alguien nuevo o elegir a las personas equivocadas porque no pudieron clasificar la información de manera correcta.

El uso de algoritmos es uno de los mejores modos de trabajar con los grandes conjuntos de datos dentro de una organización. Una empresa quiere asegurarse de que puede encontrar las cosas específicas que necesita la organización para obtener los mejores resultados. El uso de estos algoritmos específicos puede hacer que sea más fácil encontrar exactamente lo que se necesita, sin importar lo grande que sea el conjunto de datos.

Ahora necesitamos ver un ejemplo de cómo se hace esto:

- Para comenzar, primero seleccionamos el número de grupos o clases que queremos usar. Asegúrate de que inicializa sus puntos centrales al azar para estos grupos.

- Para ayudar a determinar la cantidad de clases que desea usar, puede echar un vistazo a los datos que posee y ver si distintos grupos abarcan la mayoría de los datos que tiene. Los puntos centrales son vectores de la misma longitud que cada vector de punto de datos y son sus X en el gráfico de arriba.

- Cada uno de los puntos de datos se clasificará simplemente calculando la distancia entre ese punto y el centro de cada grupo. Luego, clasificaría el punto para estar en el grupo donde está más cercano a uno de los centros.

- De acuerdo con los puntos que usted eligió, puede volver a calcular el centro del grupo tomando la media de todos los vectores de su grupo.

- Luego, seguiría repitiendo estos pasos para la cantidad establecida de iteraciones que desees. O seguiría hasta que los centros del grupo no cambiaran mucho entre las iteraciones.

- A veces es mejor inicializar aleatoriamente los centros unas cuantas veces y luego seleccionar la ejecución que parece que proporciona los mejores resultados.

Encontrará que k-means tiene la ventaja sobre algunas de las otras opciones porque es bastante rápido. Lo único que está haciendo con esto es calcular la distancia entre los puntos y sus centros grupales.

No tiene muchos cálculos con los que trabajar, por lo que hace que sea un poco más fácil obtener los resultados que desea.

Agrupación Mean Shift

Otra opción con la que puede ir es conocida como Agrupación *Mean Shift*. Este es un algoritmo basado en ventanas deslizantes que trabaja para encontrar áreas densas dentro de todos sus puntos de datos. También es un algoritmo basado en centroide, lo que significa que su objetivo es calcular los puntos centrales de cada clase o grupo y funcionará porque puede actualizar a los candidatos para que el punto central sea la media de los puntos en su ventana deslizante.

Estas ventanas candidatas en particular se filtran durante su etapa de post-procesamiento, por lo que se asegura de eliminar cualquier duplicado. Cuando haya culminado, terminará con un conjunto final de puntos centrales junto con sus grupos correspondientes.

Algunas de las cosas que deberá hacer para trabajar con el agrupamiento *mean shift* incluyen:

- Para ayudar a explicar el *mean shift*, deberá considerar un conjunto de puntos que se colocan en un espacio bidimensional. Comenzaría con una ventana deslizante de un círculo que está centrado en el punto C. El punto C es uno que se elige aleatoriamente, y tendrá un radio *r* como núcleo. El cambio medio es un algoritmo de escalada que implicará hacer que el kernel se desplace de forma iterativa a una región de mayor densidad en cada paso hasta que alcance la convergencia.

- En cada iteración, esta ventana deslizante se desplazará hacia una región que tiene una densidad más alta. Puede hacerlo cambiando el punto central a la media de los puntos que están dentro de esa ventana.

- La densidad que se encuentra dentro de esta ventana deslizante será proporcional a la cantidad de puntos que hay dentro de ella. Cuando hace esto, naturalmente usted se moverá hacia áreas que tienen más puntos allí.

- Puede continuar desplazando la ventana deslizante por la media hasta que no haya una dirección o no pueda mantener más puntos en su núcleo.

- Repetirá los pasos anteriores con muchas ventanas deslizantes hasta que pueda obtener todos los puntos dentro de esta ventana. Cuando tiene varias ventanas que se superponen, la que tenga más puntos en el interior será la que se mantenga.

Agrupación espacial basada en la densidad de las aplicaciones con ruido (DBSCAN)

El siguiente tipo de algoritmo con el que puede trabajar se conoce como DBSCAN. Este es un algoritmo agrupado que se basa en la densidad. Es similar a lo que se encuentra con el *mean shift*, pero algunas ventajas vienen con él. Algunas de las cosas que necesita saber al trabajar con DBSCAN incluyen:

- DBSCAN comenzará con un punto de partida que es arbitrario, pero que no se ha visitado. La vecindad de este punto se extraerá utilizando una distancia épsilon. Esto significa que todos los puntos dentro de la distancia épsilon se considerarán puntos de vecinos.

- Si hay suficientes puntos en este vecindario, entonces se iniciará el proceso de agrupación en clústeres, y el punto de datos actual se conoce como el primer punto en su agrupación completamente nueva.

- Si no hay suficientes puntos, ese punto de inicio se etiqueta como ruido. A veces puede convertirse en parte de otro grupo. Sin embargo, de cualquier manera, ese punto se marcará como *visitado*.

- Para el primer punto de su nuevo grupo, los puntos que se encuentran dentro de la vecindad de la distancia de épsilon también se convertirán en parte de ese grupo. Este procedimiento se repetirá para todos los nuevos puntos que se agregaron al grupo.

- Este proceso se repetirá hasta que todos los puntos estén determinados en el grupo. Esto asegura que todos los puntos hayan sido visitados y etiquetados también.

- Cuando haya terminado con el grupo actual, el sistema pasará y encontrará un punto no visitado para comenzar a procesar. Esto seguirá ocurriendo hasta que todos los puntos estén marcados, y los que no estén conectados a un grupo se llamarán ruido.

DBSCAN puede ofrecerle muchas ventajas sobre algunos de los otros algoritmos de agrupación. Primero, no necesita tener un número específico de grupos para que esto suceda. También puede identificar los valores atípicos como ruido, por lo que no solo se añaden y arruinan algunos de los resultados.

La mayor desventaja que viene con el uso de DBSCAN es que no funcionará tan bien como algunos de los otros algoritmos cuando los grupos entren en una densidad variable. Esto se debe a que el ajuste del umbral de distancia puede dificultarlo. Este inconveniente ocurrirá en los datos de alta dimensión.

Agrupación de Maximización de la Expectativa (EM) con la ayuda de Modelos de Mezcla Gaussiana (GMM)

Uno de los principales problemas con los que se encontrará al utilizar k-means es que es ingenuo cuando utiliza el valor medio para el centro de su grupo. Esta no siempre es la mejor manera de hacer las cosas y puede generar resultados mixtos. Sin embargo, encontrará que los Modelos de Mezcla Gaussianos (GMM) pueden darle más flexibilidad. Con los GMM, podemos asumir que los puntos de datos están distribuidos en Gauss. Esto ayuda porque es menos restrictivo.

Para ayudarle a encontrar los parámetros de Gauss para cada grupo, o la media y la desviación estándar, deberá usar un algoritmo conocido como Maximización de la Expectativa o EM. Para ello, deberá seguir estos pasos:

- Para comenzar, deberá seleccionar la cantidad de grupos que desearía y luego iniciar aleatoriamente los parámetros de distribución de Gauss para los grupos. Puede intentar hacer una buena estimación de esto para ayudar a configurar los parámetros iniciales con solo mirar sus datos si no hay demasiados.

- Dadas las distribuciones gaussianas que elige para cada grupo, querrá calcular la probabilidad de que cada punto de datos pertenezca a un grupo en particular. Cuando un punto está cerca del centro, es más probable que esté en ese grupo. Esto tiene mucho sentido si asume que la mayoría de los datos que está buscando estarán más cerca del centro de su grupo.

- Basándose en esta probabilidad, puede calcular un nuevo conjunto de parámetros para que obtenga las probabilidades máximas de puntos de datos en esos grupos.

- Puede calcular estos nuevos parámetros con la ayuda de una suma ponderada de las posiciones de los puntos de datos. Aquí va a ver dónde están los pesos y las probabilidades de que el punto de datos pertenezca a ese grupo.

- Esto se seguiría repitiendo hasta que obtenga una convergencia donde las distribuciones van a cambiar mucho más, si es que lo hacen, de una iteración a otra.

Dos ventajas principales provienen del uso de GMMs. Primero, estos son más flexibles cuando se trata de la covarianza del grupo. Eso se debe al parámetro de desviación estándar, que permite a los grupos tomar cualquier forma de elipsis en lugar de tener que estar en un círculo.

La Agrupación Jerárquica Aglomerada (AHC)

Cuando se trata de usar algoritmos jerárquicos, se dividen en dos categorías: de abajo hacia

Los algoritmos de abajo hacia arriba son los que tratan cada punto de datos como un solo grupo, pero luego comienzan a fusionar los pares de estos grupos. Continuará haciendo esto hasta que termine con un grupo que retendrá todos los puntos de datos.

La jerarquía de los grupos se verá como un árbol. La raíz de este árbol será el único grupo que puede reunir todas las muestras hasta que termine con una sola muestra.

Hay varios pasos necesarios para este agrupamiento:

- Comenzará tomando cada punto de datos y tratándolo como si pertenecieran a su propio grupo. Por lo tanto, si tiene 1000 puntos de datos en el conjunto de datos, entonces comenzará con 1000 grupos.

- Desde aquí, va a seleccionar una métrica de distancia. Esto está ahí para ayudar a medir la distancia entre dos grupos. Utilizará el enlace promedio, que definirá la distancia entre dos grupos para que sea la distancia promedio entre los puntos de datos que están en el primer grupo contra los que están en el segundo grupo.

- Con cada iteración por la que pasa, terminará combinando dos grupos en uno. Los dos grupos que terminan combinándose se seleccionarán porque son los que tienen el enlace promedio, que es el más pequeño. Eso significa que no tienen una distancia muy grande entre sí y son muy similares. Esto le dice al programa que son similares y deben combinarse.

- Continuará repitiendo los pasos anteriores hasta que llegue a lo que se conoce como la raíz del árbol. Esto le da un resultado donde tiene un solo clúster que contendrá todos los puntos de datos. Entonces, con el ejemplo anterior, comenzará con 1000 grupos y luego terminará con uno solo cuando todo esté listo.

- Puede usar esto para elegir con cuántos grupos desea terminar.
- Usted le diría al programa cuándo desea que se detenga, aclarando cuándo debería dejar de combinar los clústeres. Por lo tanto, en lugar de dejar que se reduzca a uno, debería decidir sobre cinco grupos o el número que desee.

La agrupación jerárquica no hace que sea un requisito que elija cuántos agrupamientos desea utilizar. Puede dejar que continúe hasta acabar con un solo grupo. Sin embargo, puede revisar y agregar más grupos si lo desea. Esto funciona muy bien si busca separar los datos demográficos de quién le compra o si ya sabe cuántos de estos grupos necesitará desde el principio.

Además, este tipo de algoritmo no será sensible a la elección de la métrica de distancia. Todos van a funcionar igual de bien, mientras que, con los otros algoritmos de agrupación, la elección de la métrica de la distancia será bastante importante.

Notará que trabajar con un algoritmo jerárquico a menudo es bueno para usarse cuando tienes datos con una estructura jerárquica y desea poder recuperar lo mismo. Otros algoritmos de agrupación no pueden hacer esto tan bien como este método. Sin embargo, debes saber que, si bien hay muchas ventajas en el uso de clústeres jerárquicos, no es tan eficiente como algunos de los otros métodos. Tarda más tiempo en comparación con los otros métodos, por lo que, si tiene poco tiempo, puede que este no sea el mejor para usted.

Estos son solo algunos de los diferentes tipos de algoritmos que puede utilizar cuando se trata de trabajar con la ciencia de datos. Necesitará tener una buena idea de la información que tiene, así como la información que desea aprender de los datos, para ayudarle a determinar con qué algoritmo debe ir.

Capítulo 7: Modelado de Datos

El siguiente tema se conoce como modelado de datos. El proceso de la ciencia de los datos siempre le proporcionará algún tipo de modelo. Este modelo se utiliza para informar a la administración para que puedan usarlo para tomar algunas decisiones comerciales nuevas. O se puede usar para predecir fenómenos que podrían ayudar a ahorrar algo de dinero a la empresa o maximizar las oportunidades que tienen con el menor riesgo posible. El modelado de datos puede hacer todo esto para una empresa, y vamos a analizar más detenidamente qué es y cómo se pueden probar los modelos.

¿Qué es un modelo?

Un modelo es una representación simplificada de la realidad creada para servir a algún propósito para el usuario y que se basará en ciertos datos. El propósito puede ser sobre varios temas, pero, generalmente, existe para preservar la información relevante o para simplificar aún más la información.

Además de las dos cosas mencionadas anteriormente, un modelo también se puede usar para pronosticar o predecir lo que sucederá en el futuro, según los datos que la compañía tiene ahora, para que la empresa pueda tomar decisiones con anticipación y ayudarles a aumentar las ganancias, dar soporte a los clientes, ofrecer mejores productos o, al menos, reducir sus riesgos.

Cuando estamos trabajando en la ciencia de datos, estos modelos están ahí para crear una buena imagen de los datos. Hace que los datos sean más fáciles de leer, por lo que es más fácil tomar buenas decisiones a partir de esos datos. El modelo está ahí para proporcionar cualquier explicación que sea necesaria para que los gerentes puedan mantenerse en el camino y evitar grandes problemas. Si se usa correctamente, ayudará a la empresa a evitar pérdidas dolorosas con las que tal vez tengan que lidiar si solo confían en la intuición para tomar sus decisiones.

Ejemplos de modelos

Hay algunos tipos diferentes de modelos con los que un científico de datos puede trabajar para obtener los resultados que desea. Algunas de las opciones incluyen:

Modelo descriptivo

Estos muestran algunos de los eventos del mundo real que están ocurriendo, así como las relaciones entre los factores que pueden causar estos eventos. Este modelo será utilizado por una empresa para ayudarles a dirigirse a las personas adecuadas cuando se trata de marketing y publicidad. Se generará mediante el uso de estadísticas para ayudar a seleccionar las diferencias y las similitudes entre los grupos de clientes. Podría ayudar a proporcionar muchos conocimientos basados en el comportamiento de compra, los intereses y la demografía (entre otras cosas) del grupo objetivo.

Modelo lineal

Esto tiene algunas opciones diferentes según el contexto y cómo a la empresa le gustaría usarlo. A veces se puede utilizar para series de tiempo y modelos de regresión. Un modelo de regresión lineal, por ejemplo, está ahí para mostrar la relación entre al menos una variable independiente y una variable dependiente escalar.

Modelo predictivo

Esta es una fórmula que pretende estimar el valor de interés desconocido. Esto vendrá ya sea en una declaración lógica o en una fórmula matemática y, algunas veces, es una combinación de las dos. Estos tipos de modelos se crearán y luego se probarán en función de algunos datos históricos. Un buen ejemplo es una estimación de puntaje crediticio que usaría su historial crediticio para predecir lo probable que es que no pagues en un futuro préstamo. O un servicio de correo electrónico que filtra el spam al recibir información de otros usuarios sobre lo que se informó como correo no deseado.

Modelo probabilístico

Esto incorpora variables aleatorias y distribuciones de probabilidad. La variable que use aquí representará cualquier resultado potencial que pueda ocurrir en un evento incierto. Esto incorporará la incertidumbre directamente en el modelo y puede ayudar al negocio a analizar las cosas que son inciertas para ellos.

Modelo de clasificación

Esto designa elementos de una colección para ciertas categorías o clases que puede especificar. El objetivo será pronosticar la clase de destino para los elementos en los datos con varias propiedades de un elemento que está presente en el conjunto de datos. Un ejemplo es clasificar a un solicitante de préstamo como de riesgo crediticio bajo, medio o alto. Alternativamente, con su negocio, se podría usar para clasificar a un cliente como un cliente infrecuente, frecuente o leal para su empresa.

Técnicas de evaluación de modelos

Ahora que hemos examinado algunos de los modelos más comunes que puede usted usar con la ciencia de datos, querrá aprender cómo probarlos. Probará los modelos antes de implementarlos en el sistema o los reportará al equipo de administración. Esto asegurará que será aplicable incluso fuera del conjunto de datos sobre el que se construyó.

Algunas de las diferentes técnicas de evaluación de modelos que puede utilizar para esto incluyen:

- *Intervalo de confianza:* esto prueba lo fiable, o no, que es la estimación estadística. Cuando la prueba resulta en un amplio intervalo de confianza, esto significa que el modelo que está probando será deficiente o que los datos que se usaron eran bastante ruidosos y estaban desordenados.

- *Matriz de confusión:* esto prueba la validez de sus algoritmos de agrupamiento. Cuanto mayor sea la concentración de observaciones encontradas en la diagonal de la matriz de confusión, mayor será la precisión en ese algoritmo de agrupamiento.

- *Gráfico de ganancia y sustentación:* mide la efectividad de un modelo predictivo. La efectividad se calculará como una relación entre los resultados que se obtuvieron con el modelo y los resultados que se obtuvieron sin el modelo.

- *Gráfico de Kolmogorov-Smirnov:* esto compara cuán cerca están dos distribuciones diferentes entre sí. De estas dos distribuciones, una de ellas será un modelo teórico de estas observaciones. La otra será la distribución no paramétrica que se calculó a partir de sus observaciones.

- *Chi-cuadrado:* Esto es similar a la prueba anterior, pero se considera una prueba paramétrica.

- *Curva ROC:* esta es una versión más corta de lo que se conoce como curva característica del receptor. Es un diagrama en una gráfica que probará la probabilidad de que ocurra una falsa alarma con su detección de probabilidad.

- *Coeficiente de Gini:* mide la dispersión estadística. Originalmente fue diseñado para ver la desigualdad de la distribución de la riqueza de los residentes de una nación.

- *Validación cruzada:* este método evalúa el rendimiento del modelo en el futuro. A veces se puede utilizar con la selección del modelo.

- *Potencia predictiva:* esta es una métrica sintética que se utiliza para elegir qué subconjunto de características en un conjunto específico de datos.

- *Error cuadrático medio:* a menudo se usa porque es bueno para decirle si hay una bondad de ajuste. Se puede usar para probar si su modelo se ajusta a los indicadores de la realidad tal como lo registran sus datos.

El modelado de datos es una buena manera de tomar los datos y colocarlos en un gráfico u otra forma que facilite su lectura y comprensión. Poder hacer esto correctamente y probarlo puede marcar una gran diferencia en lo bien que se puede usar su información. Si el modelado se realiza correctamente, puede usar fácilmente los datos como una forma de hacer predicciones y nuevas decisiones para su negocio en el futuro.

Capítulo 8: Visualización de Datos

La visualización de datos es importante. Incluso si los datos están en un modelo o en un formato estructurado, los datos en su forma básica a veces pueden ser difíciles de entender o incluso convertirse en una representación visual. Aun cuando es complicado, el científico de datos en algún momento deberá presentar sus hallazgos a la gerencia. La administración no necesitará tener la misma experiencia sobre el proceso como lo hace un científico de datos, pero sí debe ser capaz de comprender la información que se les presenta.

Depende del científico de datos revisar y asegurarse de que no solo pueda organizar la información que se obtiene a partir de los datos, sino que puede presentarla de tal manera que los administradores puedan examinarla y comprenderla. Si la información no tiene sentido o es difícil de leer, los gerentes tendrán dificultades para usar esa información a la hora de tomar buenas decisiones de negocios.

Si usted va a hacer una representación visual para su jefe o gerente de una empresa en función de los datos que encuentre, debe asegurarse de que puedan leerlos correctamente. Si no elabora una buena imagen visual, entonces todo el trabajo que usted hizo no vale nada. Este capítulo analizará la visualización de los datos y lo que debe hacer para comenzar y obtener excelentes imágenes de los datos que encuentre.

Percepción y cognición

Las variaciones en la orientación, el color, la longitud y la forma son cosas que la mente humana puede distinguir. Incluso si tiene una tabla que muestra las tendencias en las ventas nacionales e internacionales de su producto cada mes, desearía considerar el uso de colores o formas diferentes para mostrar esta información. Los gerentes podrían observarlo detenidamente y, probablemente, descifrarlo todo, pero quiere asegurarse de que sea lo más fácil posible para que lo lean de manera que pueda hacer estos cambios.

Una forma de hacerlo es tener las ventas internacionales en rojo y las ventas nacionales en azul. Esto ayuda al observador a ver qué sucede con las tendencias de cada uno en solo unos segundos. Luego podrían mirar en su gráfico para ver cuándo están los meses altos y bajos para las ventas, si uno se está quedando atrás en comparación con el otro, y si surge alguna inquietud.

Como científico de datos, no es suficiente con solo analizar la información y entenderla usted mismo. Desea asegurarse de que a la vista del gerente sea fácil de entender. Esto no solo hará que aprecien un poco más su trabajo, sino que también garantiza que lean la información correctamente.

Para asegurarse de aprovechar al máximo la comprensión a través de la percepción del cerebro, los datos que presente deben indicar la naturaleza de la relación entre las diferentes variables. Debe mostrar las cantidades que desea con precisión a través de diferentes tipos de gráficos con solo mirarlos. Además, también debe diseñarse de manera que un observador pueda comparar fácilmente las diferentes cantidades a través de elementos como los colores o el etiquetado.

Debe utilizar la mejor ayuda visual posible según los datos que tenga. Esto variará según la información que estaba buscando para el administrador. Y debería dejar claro cómo las personas deben usar la información que se encuentra en su ayuda visual. En general, desea asegurarse de que cualquier visualización de los datos se juzgue fácilmente en función de su precisión, eficiencia, facilidad y la forma en que se entrega la historia de la información.

Principios de la percepción de la Gestalt

En los negocios, las decisiones deben tomarse lo más rápido posible. Los encargados de la toma de decisiones no quieren pasar un montón de tiempo mirando el gráfico y esperando que puedan averiguar la información. La razón por la que contrataron a un científico de datos en primer lugar es para que puedan obtener información rápida y fácilmente, en lugar de examinarla por su cuenta.

Algo interesante para seguir, cuando intenta hacer gráficos y otros elementos visuales que son fáciles de ver, son los *Principios de la Percepción de la Gestalt*. Esto fue el resultado de un estudio que se realizó en 1912. Se llevó a cabo para descubrir cómo las personas perciben la organización, la forma y el patrón. Incluso hoy, los resultados del estudio siguen siendo precisos.

Podrá utilizar los principios básicos de esta idea para facilitar la visualización de datos de la ciencia de datos. Los principios que debe seguir incluyen:

- *Proximidad:* Los elementos que coloque juntos se verán como un solo grupo. Si no desea que pertenezcan al mismo grupo, es necesario que estén separados.

- *Similitud:* Los elementos que tienen la misma forma o color se verán como un grupo.

- *Recinto:* Los elementos que están dentro de una ilustración y que están bordeados por una línea o forma serán un grupo.

- *Cierre:* Cualquier imagen o forma abierta se puede ver como completa o regular, y esa es la cantidad de personas que la verán.

- *Continuidad:* Las formas o elementos que se alinean entre sí se verán como un grupo.

- *Conexión:* Los elementos que están interconectados se ven como un grupo. Tenga cuidado de cómo organizarlos para asegurare de que está agrupando las cosas correctas.

Todo esto puede ser importante cuando está aprendiendo a agrupar información dentro de los gráficos que crea. Desea asegurarse de que las cosas que son iguales se agrupen, pero también debe tener en cuenta el no agrupar accidentalmente las cosas que no deberían estar juntas. Cuando esté creando su gráfica, observe los seis principios de percepción anteriores y vea si puede usarlos para hacer que su gráfica sea más atractiva visualmente para el espectador.

Cómo utilizar los diagramas para la visualización

Hay varios tipos diferentes de diagramas que puede usar para mostrar la información que está presentando. El que utilice dependerá de la información que esté mostrando y de qué se verá mejor. Algunas de las opciones que tiene cuando se trata de diagramas incluyen:

- *Gráfico de líneas:* Esto visualiza el valor de su variable durante un período de tiempo. Esto podría durar unos días, meses o incluso años. El eje "x" de este gráfico representará cuánto tiempo se cubre en el gráfico, y el eje "y" es responsable de mostrar la cantidad o el valor que necesita.

- *Gráfico de barras:* Este es el responsable de comparar valores de diferentes variables dependientes en la misma variable independiente. Sus variables dependientes pueden ser una variedad de cosas, incluidos los ingresos de su empresa, la producción, el rendimiento o el desempeño de sus vendedores u otras personas en el negocio. Puede compararlos entre sí en la misma empresa o incluso compararlos con los promedios de la industria.

- *Diagrama de dispersión:* Este es el responsable de visualizar la relación entre la variable (eje x) y otra variable (eje y) dentro de múltiples períodos de tiempo. También puede trabajar con un diagrama de dispersión tridimensional para ayudar a mostrar la información que tiene. Este se crea cuando solo agrega una nueva variable en tu eje "z". Puede ser muy útil cuando se trabaja en la ciencia de datos porque le permite tener más variables presentes.

- *Gráfico circular:* Esto visualiza la distribución de grupos en una población. Puede obtener información para averiguar la edad de sus clientes, y el gráfico circular le dirá qué porcentaje de ellos se incluyen en cada grupo de edad. Esto podría hacerse con muchos datos demográficos para sus clientes (qué productos les gustan y más) y proporcionaría información valiosa.

- *Histograma:* Evalúa la probabilidad de distribución de una variable. Este gráfico puede hacer esto al ilustrar las frecuencias de observación que ocurrirán dentro de un cierto rango de valores.

Todos estos gráficos pueden ser útiles cuando se trata de reunir la información que necesita presentar después de revisar todos los datos. A menudo, el tipo de datos que encuentre determinará cuál de estos gráficos es el mejor para usted. Asegúrese de que cualquiera que elija sea fácil de usar, tenga sentido para los datos, y sea fácil de armar y se vea bien en su presentación.

Capítulo 9: Cómo usar correctamente la Ciencia de Datos

Si bien hay mucho que puede hacer con la ciencia de datos, debe recordar que se trata principalmente de una herramienta que utiliza en los negocios. Si sabe cómo usarla correctamente y se asegura de ser eficiente con ella, la ciencia de datos puede ser una gran herramienta que le ayuda a limitar su riesgo e incluso a ganar más dinero. Sin embargo, si no lo usa correctamente, podría causar mucho más daño a su negocio que beneficio.

Es fácil cautivarse con todas las posibilidades que puede ofrecer la ciencia de datos. Pero si su empresa no puede permitírselo o si intenta usarla sin la experiencia o los conocimientos adecuados, terminará costándole a su empresa mucho dinero. La mejor manera de evitar esto es asegurarse de que el equipo de ciencia de datos y el equipo de administración sean conscientes de algunos puntos cruciales en el camino.

Lo que la gerencia necesita saber

Para obtener la mayor cantidad de datos que tiene una empresa, y la información en Internet, la administración debe pensar en los datos analíticamente. Si la administración no puede hacer esto, se volverán completamente dependientes de los resultados de la extracción de datos y no pensarán por sí mismos. Existe una tonelada de información que proviene del proceso de extracción de datos, pero debe analizarla y combinar su conocimiento y experiencia para obtener los mejores resultados.

Por supuesto, esto no quiere decir que la administración requiera de científicos de datos para entender la información y utilizarla. Solo significa que los gerentes de una organización al menos necesitan conocer algunos de los conceptos básicos para apreciar las diferentes oportunidades que brindará. No desea desperdiciar los valiosos recursos que la ciencia de datos puede proporcionar simplemente porque no entiende cómo funciona o qué puede hacer por usted y tu empresa.

Como gerente, hay algunas cosas que debería poder hacer, incluso si usted no es un científico de datos. Debe poder apreciar todas las oportunidades que brinda esta información, asegurarse de que su equipo de ciencia de datos tenga los recursos necesarios para realizar el trabajo y estar dispuesto a invertir su tiempo y dinero para que se realice la experimentación de datos. Finalmente, debe poder trabajar con su equipo para asegurarse de que estén en el buen camino y obtener información para ayudar a que el negocio avance.

Cómo la ciencia de datos da una ventaja competitiva

La ciencia de datos, siempre que se use correctamente, puede dar a una empresa una gran ventaja competitiva en su mercado. Para tener una ventaja sobre la competencia, debe asegurarse de estar siempre uno o dos pasos por delante de ellos. Esto se puede hacer mediante la voluntad y el acto de invertir en nuevos activos de datos y también mediante el desarrollo de nuevas capacidades y técnicas. También requiere que no solo trate la inversión y los resultados de esto como un activo, sino que también debe tratar a su equipo de ciencia de datos y al campo de la ciencia de datos de la misma manera.

Con el mejor equipo de ciencia de datos, podrá obtener la información útil que necesita para ayudar a que su negocio avance hacia el futuro. Hay múltiples empresas que solo dependen de la experiencia y el conocimiento para ayudarlos. Y si usted ha estado en la industria durante mucho tiempo, probablemente lo hará bien. Sin embargo, la mayoría de los que son nuevos en la industria terminarán fallando con esto.

No obstante, incluso si lo está haciendo de forma correcta, la ciencia de datos podría proporcionarle información útil y abrir nuevas puertas en las que tal vez no haya pensado en el pasado.

Capítulo 10: Consejos para la Ciencia de Datos

Comenzar en la ciencia de datos es una gran idea cuando quiere hacer mejoras en su negocio, pero quiere asegurarse de que está tomando decisiones que serán inteligentes, en lugar de simplemente dar saltos y no saber lo que está haciendo. Tener algunos consejos para hacerlo más fácil, puede suponer una gran diferencia en los resultados que ve.

Echemos un vistazo a algunos de los mejores consejos que puede utilizar cuando comience con la ciencia de datos.

Entender el negocio antes de comenzar a resolver cualquier problema

Si bien el científico de datos puede estar emocionado por comenzar, usted debe comprender lo que está buscando antes de poder hacer el trabajo. De lo contrario, puede usar el método o el algoritmo incorrecto o, simplemente, terminará con mucha información que parece un desastre. Es mejor entender el negocio antes de iniciar el proyecto. Si ya trabaja para esa empresa y hace esto internamente, entonces no debería ser un problema.

Algunas de las cosas que debe explorar sobre el negocio para ayudarle incluyen:

- *Información a nivel del cliente:* Debes tener algunas ideas sobre los clientes que tiene la empresa. Esto podría ser un mes en el mes de desgaste del cliente, una serie de clientes activos y más.

- *Estrategias de negocios:* Esta sería una mirada a la forma en que la compañía obtiene nuevos clientes y cómo trabajan para mantener a sus valiosos clientes.

- *Información del producto:* También necesita tener alguna información sobre el producto o los servicios que ofrece la empresa. Puede preguntar cómo interactuará el cliente con los productos y cómo ganan dinero a través del producto. Aprende lo más posible sobre el producto antes de comenzar.

Si puede continuar y responder estas preguntas, entonces es un buen comienzo para trabajar en el proyecto.

Calcule el método de evaluación correcto que debe usar

Este no es un problema difícil de resolver para usted como analista, pero también es una trampa en la que algunos se encontrarán.

Digamos que está haciendo la ciencia de datos para crear un modelo de segmentación para una nueva campaña de marketing. Debe saber qué modelo utilizará para obtener la información correcta de su conjunto de datos.

La mejor manera de resolver esto es mirar la información que tiene y averiguar qué método sería el mejor para usted. Algunos tipos de datos se prestarán mejor a un método sobre otro, y lo verá rápidamente. Otras veces, es posible que tenga que probar algunos de los métodos para ver cuál le da los mejores resultados, o al menos los resultados que parecen menos confusos.

Rompa los silos de la industria para obtener soluciones alternativas

La analítica se está utilizando en casi todas las industrias de negocios. Entonces, en lugar de permanecer en los enfoques tradicionales, que se encuentran con su negocio en particular, por qué no ir más allá de eso y ver si otras industrias han encontrado la solución que está buscando.

Un buen ejemplo de esto es una solución de video recomendada que se implementó en la industria del comercio electrónico y se puede utilizar cuando se está haciendo un portal de blogs. Sin embargo, la única manera de lograrlo es interactuar con quienes trabajan en la otra industria. Esto puede ayudarle a aprender cómo hacer que suceda y aprender de ellos.

Si solo se sienta en su propia industria y trata de hacer las cosas, quizás vea algo de éxito, pero se está perdiendo algunas grandes oportunidades. Nuestro mundo está cambiando rápidamente, y muchas industrias están usando la misma tecnología de diferentes maneras. Aprender cómo algunas de estas industrias utilizan la ciencia de datos puede terminar ayudando a su propio negocio, incluso si no están realmente relacionados.

Comprometerse con sus homólogos de negocios

Usted no debería estar haciendo todo el análisis por su cuenta. Esto le hará perder muchas cosas importantes. Debe interactuar con otros socios comerciales y hablar sobre lo que están buscando, algunas de las cosas importantes sobre su negocio, etc. A medida que avanza en el proceso, debe asegurarse de mantener el contacto con ellos.

A veces esto es difícil. Cuando realiza el análisis para un negocio, a menudo desean mantenerse alejados de los detalles técnicos porque les preocupa que estos detalles sean demasiado complicados. Estarían encantados de recibir los resultados al final y luego revisarlos y tomar decisiones. Sin embargo, si desea hacer el mejor análisis posible, debe tener un flujo constante de interacción entre usted y las personas para las que realiza el trabajo. Esto le ayuda a mantenerse en el camino, a encontrar la información correcta e incluso a encontrar algunos patrones que puede perderse si hace todo el proyecto por su cuenta.

Mantener el lenguaje simple

No es necesario silenciar la información para que se diluya, pero a algunos estadísticos les gusta usar formulaciones complejas que las personas fuera del campo no pueden entenderlas. Además, esto es aún más fácil de hacer cuando se trabaja con la ciencia de datos. Sin embargo, lo que debe hacer es observar el resultado de las variables que tiene y luego tratar de encontrar una forma sencilla de ayudar a la empresa a comprender lo que usted les está presentando.

Echemos un vistazo a cómo puede funcionar esto:

Está mirando a través de los datos que tiene que averiguar qué agentes serían los de mejor desempeño una vez que se incorporaron al equipo. Puede encontrar la población estratificada correcta y la forma en que espera que se desempeñen según los datos. En el proceso, usted tuvo que pasar y elegir una palanca que puede haber cambiado la mezcla de población. Lo que haría aquí sería simple. Solo necesitaría implementar una estrategia de tarifa diferencial para poder cambiar la combinación de aplicaciones y esto cambiaría la combinación de población.

Durante este proceso, también querrá asegurarse de aprender el lenguaje de negocios cuando presente sus conclusiones a los líderes de negocios. El proyecto puede ser fácil, pero, a veces, puede tener problemas para venderlo a un negocio. Y, a menudo, la razón de esto se debe a la brecha en la comprensión de las discusiones internas con la empresa.

Es realmente importante que hable el idioma de su audiencia. Es posible tener momentos en que se rechacen los modelos más inteligentes, y los modelos simples son los que le gustan a la empresa. La única razón para esto es que el analista puede hablar de negocios con la compañía mientras presenta sus modelos.

Seguimiento del plan de implementación elegido

Entonces, una vez que haya analizado el modelo que desea utilizar para este proceso y hable con una empresa, todavía queda mucho por hacer. Necesita establecer algunos seguimientos mensuales (o más a menudo si es necesario) con la empresa para ayudar a comprender cómo se implementó el proyecto y que se está utilizando de la manera correcta.

Desea asegurarse de que el negocio esté a bordo con lo que está haciendo y de que se les presente la información más actualizada posible. No querrán recibir la información una sola vez y luego llamarla buena para siempre. El mundo de los negocios está cambiando tan rápido que la información que hoy encuentran valiosa puede que no cuente en unas pocas semanas o meses. Llegará un flujo constante de nuevos datos, y organizar reuniones con la empresa y con los responsables de manera regular hará que sea más fácil asegurarse de obtener la mejor y más nueva información para tomar decisiones comerciales importantes.

Lea sobre la industria

La industria siempre está cambiando y creciendo. Mientras que algo pudo haber sido difícil de hacer en el pasado, en unos pocos meses puede ser realmente fácil porque se haya desarrollado una nueva técnica. Puede aprender de otros en el campo e incluso confiar en algunas de las otras industrias que utilizan esta ciencia para brindarle las soluciones que necesita.

Al comenzar con la industria de la ciencia de datos, asegúrese de leer todo lo posible como apoyo. Puede mirar libros, indagar en línea, explorar revistas y más. Cuanta más información pueda obtener sobre la industria, mejor podrá ser en la prestación de servicios de ciencia de datos a sus clientes. Nunca deje de aprender. Esta industria cambiará mucho en un futuro próximo y con un montón de conocimiento disponible, y garantizar que se mantenga actualizado puede ser realmente valioso cuando recién comienza. Nunca se sabe lo que puede aprender en el camino que podría ayudarle a hacer su trabajo mucho más fácil.

Encuentre nuevas formas de mejorar

El campo de la ciencia de datos está creciendo a pasos agigantados. Es un campo relativamente nuevo, pero realmente está ayudando a muchas empresas a crecer y a hacerlo bien. El único problema es que, dado que es tan nuevo, está creciendo demasiado rápido y encontrará muchas nuevas técnicas e incluso nuevos métodos en el futuro. Esto realmente puede mejorar lo que puede hacer en la ciencia de datos, pero significa que siempre necesitará actualizar sus habilidades en el camino.

Si está trabajando en un proyecto y descubre que ningunas de sus técnicas del pasado parecen ser las correctas, puede considerar realizar una investigación. Siempre hay nuevas formas de probar, y es seguro que se presentarán más en un futuro próximo. Nunca deje de aprender sobre la industria y lo que tiene para ofrecer y continúe aprendiendo más sobre las técnicas a lo largo del camino. Esto asegurará que proporcione a sus clientes la mejor información posible e incluso puede hacer su trabajo mucho más fácil.

No tome las decisiones por la empresa

A menos que sea uno de los gerentes de la compañía que ha comenzado a hacer ciencia de datos, usted no puede tomar decisiones para la compañía y no puede impulsar las ideas que considera mejores. Su trabajo es proporcionar información para la empresa de manera eficiente y rápida. Por supuesto, escribirá un informe sobre la información que encuentre, y de una manera que los responsables de la toma de decisiones puedan leer y ver cuál es el mejor curso de acción. Pero solo debe escribir lo que realmente está allí, sin alterar o cambiar la información y sin dar su opinión.

La compañía que le contrata no está allí para escuchar su opinión sobre el mercado o sobre lo que deben hacer a continuación. Pueden obtener opiniones de todo el lugar si quieren. Quieren que usted revise una gran cantidad de datos e información para ayudarles a descubrir qué pasos deben tomar para mejorar su negocio en el futuro. Si puede hacer esto con un conjunto de datos y presentarlos de manera clara, les irá bien con el negocio.

Comenzar en la ciencia de datos puede ser una opción profesional gratificante y emocionante. Muchas compañías están comenzando a ver el valor de contratar personas o, al menos, capacitar a las personas en su propia compañía, quienes puedan revisar toda esta información para ayudarles a tomar decisiones informadas.

Además, cuando estas empresas encuentran a alguien que les puede dar información precisa, pueden combinarla con su propia experiencia y conocimiento sobre la industria para ayudar a que su empresa avance hacia el futuro.

Conclusión

Espero que este libro le haya proporcionado todas las herramientas que necesita para lograr sus objetivos.

El siguiente paso es comenzar a utilizar las nuevas habilidades que usted aprendió sobre ciencia de datos. La ciencia de datos es un campo de estudio más nuevo que muchas empresas están aprendiendo rápidamente y es importante para ayudarlos. Cuando se combina con el conocimiento y la experiencia en una industria específica, puede ser una de las mejores maneras de garantizar que tome decisiones empresariales grandes y rentables. Ir a través de todos los datos por su cuenta, especialmente si es grande, puede ser un desafío a veces. Pero la ciencia de datos le muestra los diferentes métodos que puede usar para hacer esto de manera rápida y eficiente.

Esta guía ha repasado los aspectos básicos de lo que necesita saber para comenzar con la ciencia de datos. Analizamos qué es la ciencia de datos, para qué se puede usar, algunas de las diferentes técnicas que puede utilizar con ella e, incluso, cómo trabajar con los algoritmos y el modelado de datos de algunos de sus proyectos.

Ahora, debe estar bien encaminado para comprender qué es la ciencia de la información y cómo puede utilizarla en su propio negocio para tomar decisiones empresariales importantes.

Cuando esté listo para recopilar y analizar grandes cantidades de datos para su empresa y utilizarlos para obtener más información sobre su negocio y sus clientes, asegúrese de consultar esta guía.

Eche un vistazo a más libros de Herbert Jones

www.ingramcontent.com/pod-product-compliance
Lightning Source LLC
Chambersburg PA
CBHW030953240526
45463CB00016B/2527